Dada nr. 1

Revista Dada 1
H. Arp, T. Tzara, M. Janco, F. Meriano, O. Lüthy,
A. Savinio, E. Prampolini, N. Moscardelli

1917

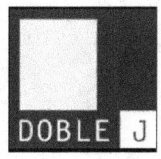

Edita: Editorial Doble J
C/ Montevideo 14
41013 Sevilla
www.culturamoderna.com
editorialdoblej@editorialdoblej.com
ISBN: 978-84-96875-55-5

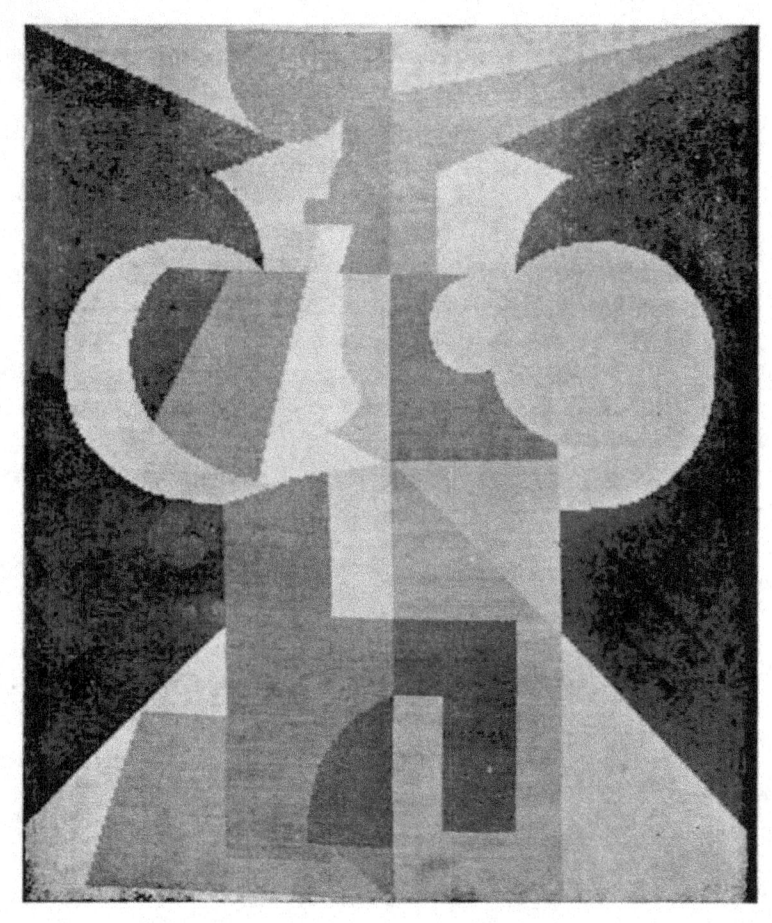

H. ARP:
BRODERIE

NOTE 18 SUR L'ART
à l'occasion de l'expositon de gravures, broderies et reliefs dans la Galerie Dada (4 –29 Mai 1917)

L'art est à présent la seule chose construite, accomplie en soi, dont on ne peut plus rien dire, tellement richesse vitalité sens sagesse : comprendre voir.
Décrire une fleur — rélative poésie plus ou moins fleur de papier. Voir.
Jusqu'à ce qu'on ne découvrira les vibrations intimes de la dernière cellule dans un cerveaudieumathématique et l'explication des astronomies primaires : l'essence, on décrira toujours l'impossibilité avec des éléments logiques de la continuelle contradiction marécage d'étoiles et de sonneries inutiles. Crapauds des lampions froids aplatis sur l'intelligence déscriptive du ventrerouge. Ce qu'on écrit sur l'art est œuvre d'éducation et dans ce sens elle peut exister. Nous voulons rendre les hommes meilleurs, qu'ils comprennent que la seule fraternité est dans un moment d'intensité où le beau est la vie concentrée sur la hauteur d'un fil-de-fer montant vers l'éclat, tremblement bleu lié à la terre par nos regards aimants qui couvrent de neige le pic. Le miracle. J'ouvre mon cœur que les hommes soient meilleurs.
Nombre d'artistes ne cherchent plus les solutions dans l'objet et dans les relations de l'extérieur, ils sont cosmiques ou primaires décidés simples sages sérieux.
La diversité des artistes d'aujourd'hui serre le jet-d'eau dans une grande liberté-cristal. Et leurs efforts créent de nouveaux organismes clairs. Dans le monde pureté avec les transparences et matérialités de la construction cachée d'une simple image qui se forme. Ils continuent la tradition le passé et leur évolution pousse, lente comme un serpent vers les conséquences intérieures, directes, au delà des surfaces et des réalités.
TRISTAN TZARA

WALK

tirati in là Leopardi ti puzza il fiato estratto di pomodoro concentrato nel vuoto
l'infinito esplode come un razzo di sagra metempsicosi dei fulmini e dei ranocchi
colori tramontati
iride disincantata
sorriso putrefatto
aholaholaholahola
Cecco Becco muore tutte le sere
con goffe convulsioni umoristiche
Dada ultima rivista dell'universo

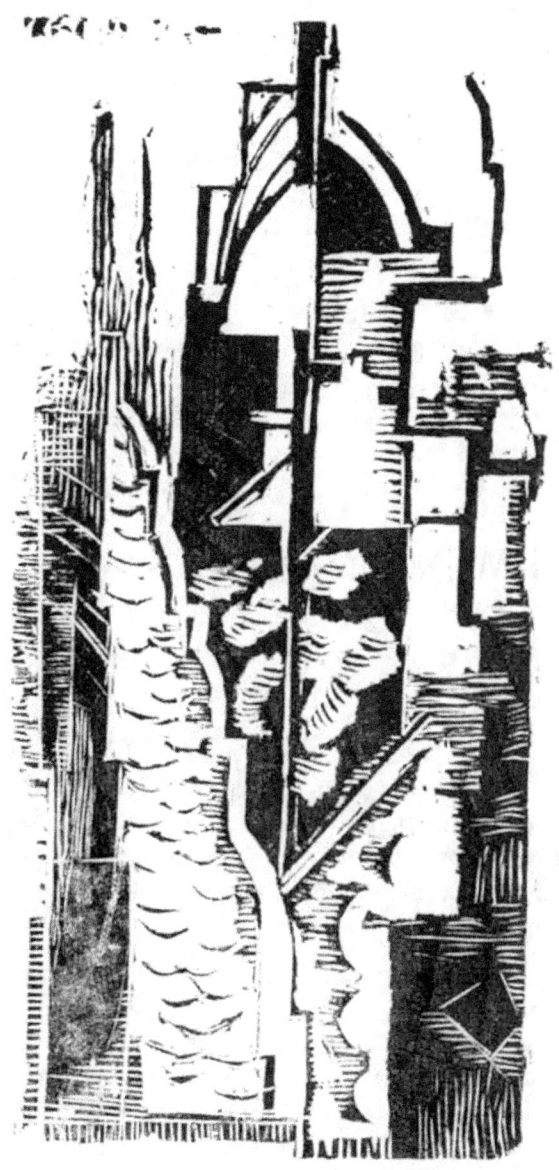

M. JANCO:
BOIS

contiamoci quanti siamo
a voi buona sera Mr. Janco
a voi Mr. Tzara
uno
  due
quattro
  dieci
cinquanta
  mille
veramente Marinetti parleremo alle stelle
dove le corazzate non scoppiano come trottole gigantesche
transalantico aeroceleste
l'infinito è nostro
Leopardi tirati in là ti puzzano i piedi.
FRANCESCO MERIANO

UN VOMISSEMENT MUSICAL

Bien qu'éduqué dans la galanterie,
„signor jocundo, e
sempre de le donne . . . perfecto amicho
savio e cortese più che bella dama.
je n'ai pas encore réussi à retenir les hoquets de la plus impérieuse nausée, toutes les fois que je me trouve en tête-à-tête avec Euterpe. Mon estomac est encore récalcitrant à la compagnie de cette représentante figurative de l'art des sons dont la seule présence provoque dans mes viscères les mêmes effets et conséquences que le tangage le plus chaloupé de l'escarpolette-vertige de notre enfance.

Souvent on s'est trompé au sujet de la peinture et de la poésie: on s'est toujours trompé au sujet de la musique.
Son développement tardif s'opéra postérieurement à celui de deux autres. Malgré ce généreux handicap elle dépassa ses devancières et arriva, comme dans un fauteuil, au poteau de la bêtise complète et du gros malentendu.
Parmi les pratiquants-musique on n'a jamais signalé un seul esprit clairvoyant.
Senza il menomo madore d'affettazione je confesse une avversion naturelle pour tout ce qui touche au monde chromatique.
Grâce à un entraînement intense, je résiste facilement désormais à toute titillation qui ait pour origine un accord ou une mélodie.

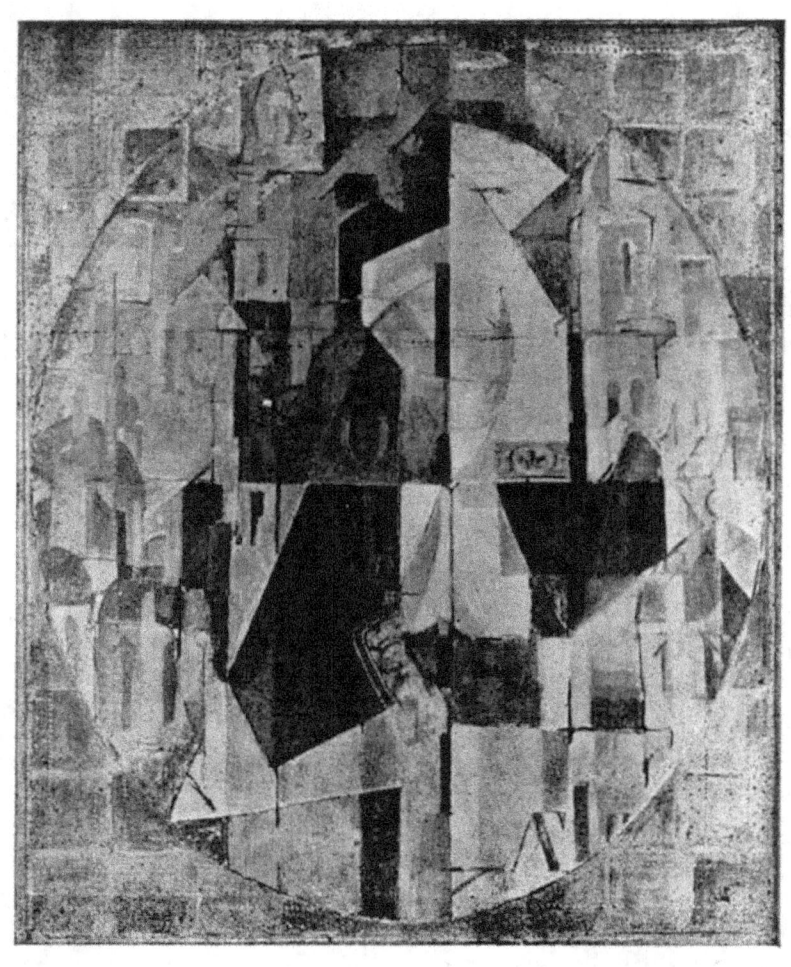

O. LÜTHY:
MADONNA

Tout se qui a trait à cet art décrépit et malfaisant me plonge dans la plus mesquine des tristesses.

Je prends du gout à toute sorte de lectures: une „Histoire de la Musique" m'oblige à un pénible effort. Je rougis de me voir placé dans le louche tableau-vivant des faiseurs de bémol.

Un soir, avant mon coucher, ayant ouvert imprudemment un livre de musique, cela dérangea une sorte d'humeur sereine qui m'est indispensable à cette heure solitaire et précieuse entre toutes, et me procura, pendant le sommeil succédant, une enfilé de rêves obscènes et d'une misère angoissante. Aussi je retins l'expérience, et depuis lors, si j'ai à m'occuper de dièses, j'y sacrifie les heures médianes de la journée: il me reste ainsi le temps de me refaire la bouche, par quelque occupation distrayante et des pensées réparatrices.

Telle qu'elle est, la musique est un art insensé et immoral; exemple de perversité bourgeoise: art à la disposition de tous les vices.

Plus odieuse et plus engluante que la pitié, elle accueille dans ses bras non seulement la veuve et l'orphelin, mais des foules entières de rénégats et de gens maudits.

Consolation sournoise à l'usage des hommes tarés, de tous ceux qui portent un poids sur la conscience, qui ont un cancer dans l'âme, de tous les misérables, des soumis, des condamnés-nés.

Art qui flatte et encourage les pires instincts de la foule: miroir impudique de toute l'obscénité d'un monde sans lois ni morale.

Je souligne les deux épisodes de ma vie qui provoquèrent en moi le plus intense et le plus inexprimable dégout: le premier se rattache à mon enfance, un jour que sous l'instigation d'un marmiton sanguinaire et facétieux j'eus scié le cou à un jeune oison; le second se rapporte à mon adolescence, un soir que sous la poussée d'un allemand mélomane j'assistai à une sorte d'orgie théâtrale où les turpitudes sonores de M. Richard Strauss tenaient lieu de débauche.

Au point surtout où elle en est présentement, la musique est une insulte à la dignité de n'importe quel citoyen, aristocrate, bourgeois ou prolétaire, tant soit peu honnête et propre dans son linge et dans ses affaires.

Le charme de l'harmonie est la plus grave atteinte à l'honneur de l'homme libre. Parmi les principales causes de criminalité par dégénérescenc il faut placer — en premier lieu — la musique: bien avant l'alcoolisme!

Des populations denses de gens idiots, ignorants, sales, malades, dégénérés. entrent dans le Temple de la Musique comme chez eux. Ils s'y trouvent — en effet — parfaitement chez eux, car on y célèbre un culte à la portée de toutes les plus répugnantes misères de l'esprit: c'est l'Assistance Publique pour tout

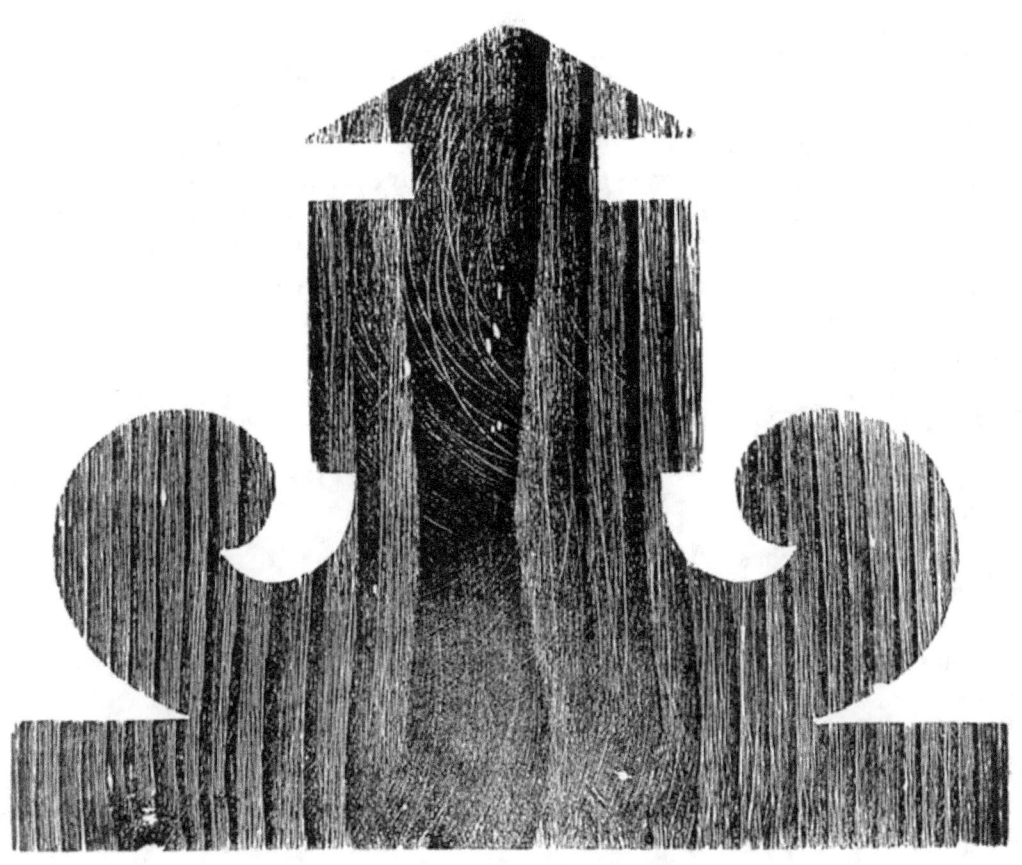

H. ARP:
BOIS

le réjet de l'humanité.

Au temps où, sans prévention, je m'abbandonnais imprudement aux **enlacements de cette luxure populacière** — hélas, trop peu d'années me séparent de cet âge tristissime! — j'éprouvais infailliblement des réactions pénibles. Le remords m'accablaient — et je n'avais même pas couché avec Aspasie! — Je m'en voulais, je me sentais coupable, je fléchissais sous le poids de mon pêché. Le rictus de la bestialité libidineuse éffacé de mon visage, je m'abimais dans la tristesse, je courbais la tête et pliais les reins, comme la brute qui vient de jouir.
Post coïtum animal triste est!
ALBERTO SAVINIO

CHANSON DU CACADOU

de la tribu Aranda extrait du volume de poèmes nègres traduits par Tr Tzara (en préparation)

ici pointes de branches certainement
ici des grains mélées à la balle certainement
sur la place creusée les poser
des amas des amas y poser
beaucoup d'amas poser
des amas des amas poser
des amas des amas poser
de grands amas poser
profonds amas poser
grands amas poser
sur un amas verser
des noyaux germés des noyaux germés
des noyaux germés couchés brunir
des noyaux germés couchés brunir
des noyaux germés veulent frotter
des noyaux germés veulent lêcher

ronde celle sur les collines de sable
ronde celle sur le sable
des cosses sont là
avec des cicatrices fouetées il y a beaucoup qui dorment là
dans les gousses sont là rangées
avec des cicatrices piquées couchées en orde en file
„mords, vraiment, oo blanc cacadou

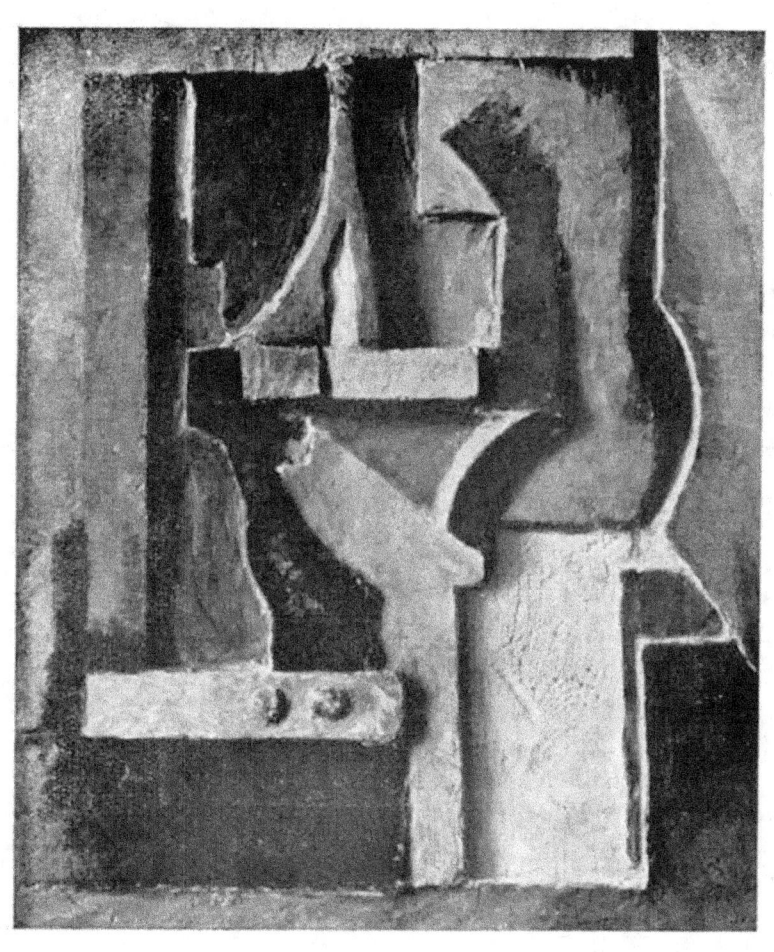

M. JANCO:
RELIEF A7

beaucoup beaucoup mange, vraîment, oo blanc cacadou„.

PAYS VOIR BLANC
à maya chrusecz

les ors des 10 heures ont brisé la mort
brûlé la fenêtre en argile et or
séparer le bon de l'eau dans des carrés de cuir
et le poisson alerte fixé avec une épingle

cuire des yeux d'or d'insecte
je suis la mauvaise vibration de la chaleur
dans les battements du cœur strié

les os sont aussi des cuillères pour ton âme
mais nous voulons reconstruire
vert sonore sous porcelaine
dort dans le crâne

et poursuis les petits hommes dans leur voyelle
coupe - les par le train le long de la sonnerie
et poursuis les petits hommes dans leur voyelle
le petit feu dans le calice
et poursuis les petits hommes dans leur voyelle
poursuis les petits les petits hommes dans leur voyelle

SAUT BLANC CRISTAL
à marcel janco

sur un clou
machine à coudre décomposée en hauteur
déranger les morceaux du noir
voir jaune couler
ton cœur est un œil dans la boîte de caoutchouc
coller à un collier d'yeux
coller des timbres postes sur tes yeux

partir chevaux norvège serrer
bijoux vers tourner sèche
veux-tu? pleure?
lèche le chemin qui monte vers la voix

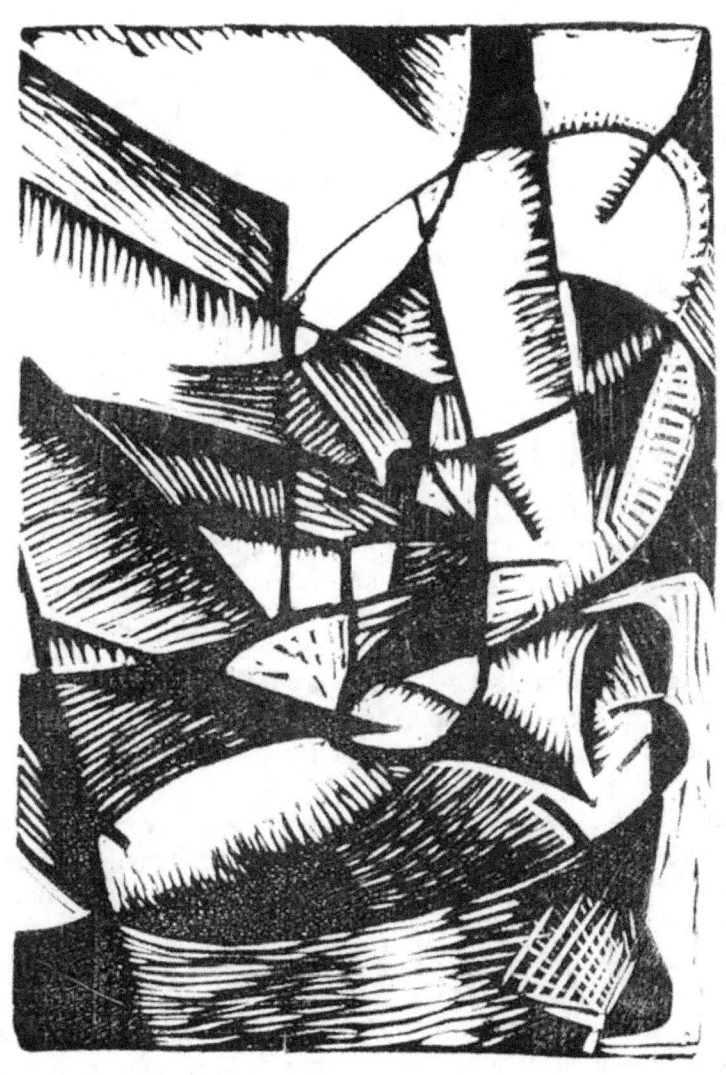

E. PRAMPOLINI:
BOIS

Abraham pousse dans le cirque
tabac dans ses os fermente
Abraham pousse dans la cirque
pisse dans les os
les chevaux tournent ont des lampes éléctriques au lieu des têtes
grimpe grimpe grimpe grimpe
archevêque bleu tu es un violon en fer
et glousse glousse
vert
chiffres
TRISTAN TZARA

PIUME

(A Tristan Tzara e Marcel Janco poeti di terra lontana).

Hai gli occhi sbandati come le farfalle randagie che si son curvate sui fiori dimessi, perchè han sentito sulle tremule schiene di bambagia le prime carezze del vento spiumato più leggero dei tocchi di campana e più caldo dell'alito della terra bagnata: — e il tuo cappello è un piccolo cielo di cristallo azzurro, sfioccato e cadente come la primavera già tremante dal freddo: — e i tuoi capelli son veramente fioriti di fiori e di spine come le rose sdegnate. Povero fiore che non ha più stagione! (c'è forse uno spillone tra spalla e spalla per un cilizio di tutta passione?) —

Dove riposerai la bianca fronte se non nell'azzurro davanzale dell'orizzonte che s'avvicina coi mille piedi della pioggia errante fresca a ventaglio, nel trepestio di mille piccole cosine che bruciano al fuoco lento degli occhi che si chiudono prigionieri nel caro delle mani?

È notte e non è notte: saresti la primavera se le farfalle, fiori di primavera, si posassero sui tuoi capelli ingenuamente disciolti: così accorata non rinascerai più. Non ci sono che questi tetti slavati goccianti la malinconia più calda che uno scirocco d'amore — e un ricciolo che tentenna sulla tempia, sottile e leggero come una vena bionda azzurra senza sangue.

Sei tutta senza sangue e senza domani: più lontana della luna che cerca la sua perduta stagione, tu sei il profumo errante d'una bocca dimenticata.

Ma se i tuoi occhi spaventati e distratti, si aprissero un momento con l'acre gelosia di chi ha tutto perduto, con la spilla del tuo sguardo più profondo degli abissi che abbiamo insieme cercati, saprei disegnare sulle tue guancie di fragile porcellana azzurata, un monte un lago un cipresso e un fiore, per darti uno specchio e un cuore, o amore del più alto balcone e del più lontano giardino.

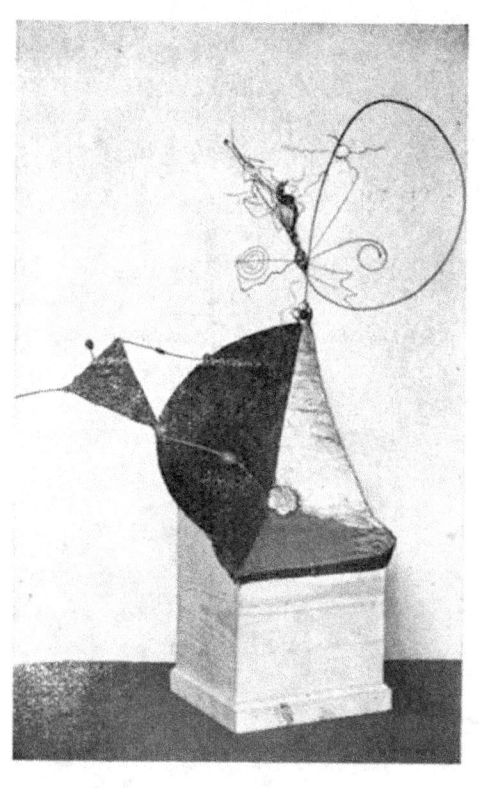

M. JANCO:
CONSTRUCTION 3

Ma è notte e non è notte: e le parole cadono cosi sonnolente che tu t'illudi in una nuova pioggia di fiori piumati di vento.
Richiudi gli occhi e dormi il tuo sonno eternamente bambino.
NICOLA MOSCARDELLI

MARCEL JANCO

nerfs zigzagués en harmonica cosmique tire tire la ligne à travers feuillage et pauses
dans la lumière noire l'œuf chaude et malade-joyeuse allonge le grillage
pour lui :
l'art est stabile sensibilité sérieux compte du temps feuilles et points
sériosité des nécessités immuables dans la fantaisie rangée
grand règle
vif reglé
il a fait des sculptures de surface jusqu'à lui on faisait des superpositions de corps
et employa le fil de fer comme dessin dans l'espace (pour la première fois)
la partie supérieure de la construction 3 donne la possibilité à la matière de montrer sa vie fil de fer tremble sensible lune soleil hippocampe bleu au fond de la mer
il fait des reliefs pour être construits dans le mûr totalité architecturale productive protestation contre le cadre et le baroque
poursuit la tradition de l'art pur après 5 siècles de siropeuse rêverie
directe réalité spécialisation sans influences extérieures ni compromis
verticale joie je nomme naïveté la vue de l'objet même dans l'âme dans le sang
douloureux souvenir du fer de la maladie de la pierre de l'étoffe de la pluie des violons des soldats des meubles du feu
qui poussèrent dans les siècles passés
rouillé réligieux amer
clair ordre dans le complexe total riche
sans transformation, sans décomposition : directe clair ordre réalité
tableaux : avec les éléments purs : couleurs dans la forme ligne point surface nécessité
dans son ordre : lutte contre son tempérament
squelette-arbre-allumettes frotte humanité
partagée en plans larges bandes grandes
là où les sondes et la fumée sont des pinceaux et le cristal se dissout en mouvement
TRISTAN TZARA

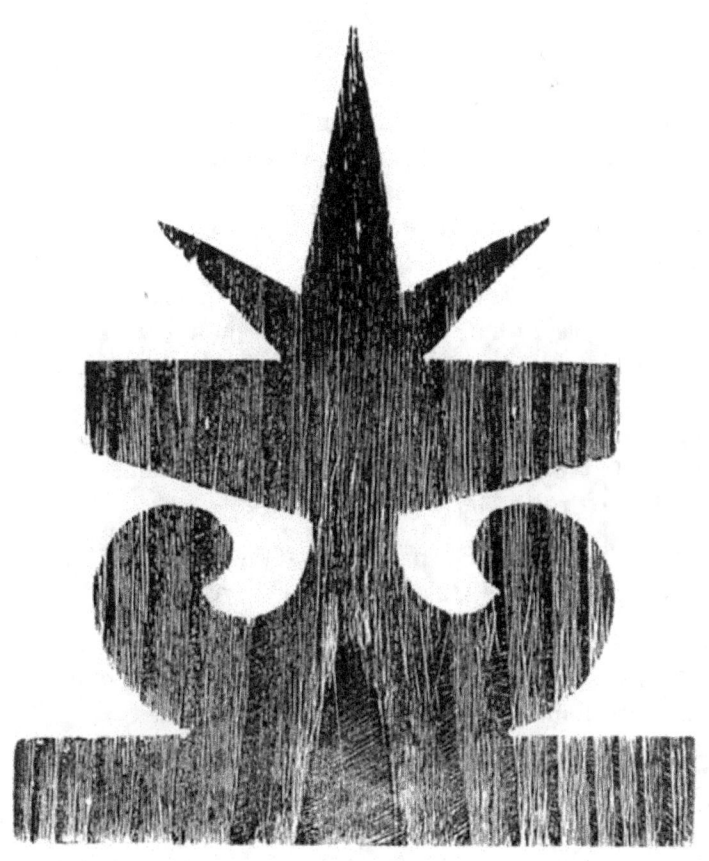

H. ARP:
BOIS

NOTES

L'ÉCOLE DE DANSE LABAN: montra dernièrement son acitvité multiple et équilibrée. Mary Wiegmann: finesse grandléger créatrice d'abstraites notions d'expression sans musique — pures. Vase pour les vibrations du silence. Mme S. Perrottet fait chanter les pauses d'une infinie et sage sensibilité. Calme fiévreux du blanc le plus intérieur. K. Wulff, H. Langwara montrent de l'éntendement pour la ligne large puissante. Mlle. S. Taeuber: bizarrerie délirante dans l'araigné de la main vibre rythme rapidement ascendant vers le paroxysme d'une démence goguenarde capricieuse belle. Costume de H. Arp. Dans un autre genre — enfantin aigu et trop harmonieux, giratoire — et avec plus de liberté gracieuse la première — se relevèrent Mlles. C. Walther et Macciachini. Les costumes que Mlle Chrusecz fait pour l'école: forme et couleur dans la pureté du rythme; sévère nécessité ligne droite clarté chaude simple.

„DIE BIOLOGIE DES KRIEGES" par le professeur Nicolai (Orell Füssli & Co., Zürich) lire cette œuvre courageuse, consciente, revolutionnaire, absolue, claire.

H. GUILBEAUX salue aussi la révolution russe. Dans un article de journal versifié. Le pathétique douillet de ce monsieur s'élargit béatement dans un état de diletantisme sentimental et médiocre-parfumé.

A PROPOS DE LA POÉSIE SIMULTANÉE. Une Réctification.
Le comité de l'associaton ART ET LIBERTÉ qui s'est affirmée: novatrice et généreuse, et qu'on doit louer pour son enérgie mise au service des jeunes, publie dans le No. 44 du „Petit Messager des Arts et des Artistes" une communication sur son activité. A la troisième séance donnée par cette société à la Galerie Lévesque le 18 Mars 1917, on interpréta un poème simultané par Sébastien Voirol. On écrit à ce propos dans l'exposé: „Cette forme nouvelle était pour la première fois, présentée à la scène".
Nous faisons savoir que la première réalisation scénique du poème simultané fut faite sous l'initiative et sous la diréction de Tristan Tzara à une soirée du CABARET VOLTAIRE le 31 MARS 1916. Ce fait a été accentué dans la publication „CABARET VOLTAIRE" parue le 15 mai 1916.
Le poème „L'amiral cherche une maison à louer" fut arrangé par Tzara. Le 14 Juillet 1916 à l'occasion de la première *soirée de manifestation Dada*, donnée à la „Waag" on interpréta devant quelques centaines d'assistants „La fièvre puérpérale", poème simutané à 4 voix par Tzara. Le 28 Avril 1917 à l'occassion de la IIIe Soirée de la Galerie Dada on exécuta: „Froid lumière" poème à 7 voix par le même auteur.

F. GLAUSER, „poète" (sentimental) n'a rien de commun avec le mouvement dada.
L'ANTHOLOGIE DADA parait en automne sous la diréction de Tr. Tzara.
NOUS PUBLIERONS des traductions du grand poète russe Andrej Bjelij qui a fait pour la première fois des poésies abstraites en donnant aux sons de nouvelles valeurs — primitives libres, detachées de leur sens conventionel.
NORD-SUD, (revue littéraire, directeur: Pierre Reverdy. Abonnements 6 frs. Paris (18) 12, rue Cortot). L'exellente revue parisienne publie dans le No. 3 un article clair sur le cubisme. No. 4—5: des poèmes de Reverdy, Apollinaire, Dermée, Jacob, Huidobro, Pieux, Grey, Tzara.
SIC, sons idées couleurs formes, Directeur: Pierre Albert Birot. Abonnements 5 frs. Paris, 37, Rue de la Tombe-Issoire
PAGINE, revista mensile. Abbonamento: Lire 2.50, Napoli-Vomero, Parco Anttonio Vila Giovene.
LA BRIGATA, Direzione: Bino Binazzi e Francesco Meriano. Abbonamento Lire 2.50. Bologna, Via Emilia 643.
LA DIANA, Direzione: Gherardo Marone, Napoli, Via Duomo 33.
ITALIA FUTURISTA, Direzione: H. Ginna e E. Settimelli, Firenze, Via Brunelleschi 2.
GUILLAUME APOLLINAIRE: Le poète assasiné (l'Édition) frs. 3.50.
PIERRE REVERDY: Quelques poèmes (librairie Monnier),
FILIPPO DE PISIS: Emporio.
NICOLA MOSCARDELLI: Tattuaggi (La Voce) Lire 3.
FRANCESCO MERIANO: Equattore Notturno (Poesia) Lire 2.50.
PREMIER ALBUM DE SCULPTURES NÈGRES (chez Paul Guillaume) 50 frs.
MARCEL JANCO: Album, 8 gravures sur bois avec un poème par Tristan Tzara 75 frs.
TRISTAN TZARA: La première aventure céleste de Mr. Antipyrine, bois par M. Janco 2 frs. Edit. de luxe 10 frs.
R. HULSENBECK: Phantastische Gebete, Holzschnitte von H. Arp, 3 frs.
A PARAITRE:
ANTHOLOGIE DADA
GUILLAUME APOLLINAIRE: Calligrammes (Mercure de france).
TRISTAN TZARA: Quelques poémes, bois par H. Arp.
MAX JACOB: Cornet a dés
F. LEFÈVRE: La jeune poésie française.
GALERIE PAUL GUILAUME, Paris 16, avenue de Villiers, Œuvres de Dérain. Matisse, Picasso, Cézanne, Modigliani, Chirico, Sculptures nègres.

GALERIE DADA

Am 17. März wurde unter Leitung von Tr. Tzara und H. Ball die Galerie Dada in Zürich, Bahnhofstrasse 19, eröffnet. Ihr Zweck war, den Dadaismus durch eine Wahl von ausgesprochenen Werken verständlich zu machen, und den Künstlern aus Kriegführenden Ländern die Möglichkeit zur Verständigung zu geben. Politik und Kunst sind verschiedene Dinge. Kunst wirkt rein und moralisch, wenn sie intensiv und direkt dem Beschauer Freude und Güte gibt.

17. März — 30. April: STURM-AUSSTELLUNG in 2 Serien (A. Bloch, Campendonk, J. van Heemskerck, J. Itten, Kandinsky, P. Klee, Kokoschka, O. Kubin, C. Mense, G. Muche, G. Münter, M. Uhden, N. Walden.)

4.—29. Mai: Ausstellung von GRAPHIK, BRODERIE, RELIEF (H. Arp, F. Baumann, G. de Chirico, L. Feininger, G. Goetz, W. Helbig, M. Janco, P. Klee, O. Lüthy, A. Macke, J. Modigliani, Nadelmann, E. Prampolini, O. von Rees, Mme van Rees, H. von Rebay, H. Richter, A. Segall, M. Slodki, J. von Tscharner, Kinderzeichnungen).

Führungen durch die Galerie von H. Arp, M. Janco, L. H. Neitzel, H. Ball, Tr. Tzara. Vortäge: Dr. W. Jollos (P. Klee), Tr. Tzara (l'expressionisme et l'art abstrait; sur l'art nouveau). H. Ball (Kandinsky).

Die Galerie veranstaltete 6 Soiréen (Eröffnungsfeier; Sturm-Soirée; Abend neuer Kunst; Alte und neue Kunst; Wiederholung dieser Soirée; Soirée H. Heusser) an denen sich folgende Künstler beteiligten: F. Hardekopf, (eigene Prosa), A. Ehrenstein (eigene Verse; über Kokoschka), Tr. Tzara (Negerverse in eigener Uebersetzung; Froid-lumiére, poème simultané récité par 7 personnes, aus Rutebœuf, Nostradamus, Savinio, eigene Verse), M. Janco (über eigene Reliefs; Principes d'architecture ancienne et le cubisme), G. Gretor, H. Arp (aus Dürer, Böhme, eigene Verse), H. Ball (aus Marinetti, Kandinky, A. Aegidius, eigene Verse), E. Hennings (aus Schwester Mechtild, eigene Werke), B. Goetz, O. Jaques (aus Novalis), A. Spa (aus da Todi, C. Alvaro, Cl. Rebora, M. d'Arezzo, F. Meriano), S. Taeuber (Tanz mit Masken von H. Arp), Cl. Walther (expressionistische Tänze), H. Heusser (eigene Compositionen für Klavier, Gesang, Harmonium), S. Perrottet (Compositionen von Schönberg, R. von Laban und Perrottet für Klavier und Violine), H. S. Sulzberger (eigene Compositionen), K. Wulf, E. Kaeser, Negertänze (Masken von M. Janco). Es wurde „Sphinx und Strohmann" Kuriosum von O. Kokoschka in Masken und Inscenierungen von M. Janco gespielt.

Die Galerie schloss am 1. Juni ihre Räume.

www.ingramcontent.com/pod-product-compliance
Lightning Source LLC
Chambersburg PA
CBHW082225220526
45470CB00010B/3307